Género Ficción histórica

Pregunta esencial
¿Cómo nos afecta el tiempo?

TORMENTA DE NIEVE en la escuela

Mary Atkinson
ilustrado por Eric Reese

Capítulo 1
SIN AVISO

—No hace tanto frío como para ponerme mi abrigo —dijo Lily, alegremente.

—Póntelo —respondió su padre—. No hay ningún refugio en la pradera, y las condiciones climáticas pueden cambiar en un abrir y cerrar de ojos.

Lily suspiró, tomó la cubeta con su almuerzo y partió con su hermano gemelo, Harry.

Camino a la escuela, Lily deseaba regresar a la ciudad de Nueva York. Allí, la gente no se preocupaba tanto por el pronóstico del tiempo. En cambio, en Nebraska, uno se preocupa por los tornados, los temporales y, lo peor de todo, las tormentas de nieve.

Lily odiaba las tormentas de nieve. Le atemorizaba el viento huracanado que amenazaba con destrozar su pequeño hogar de madera. Odiaba la oscuridad, el frío y estar encerrada en su casa durante varios días seguidos.

Durante las tormentas de nieve, sus padres intentaban que el tiempo que pasaban allí varados fuera placentero. Reunían a la familia alrededor de la estufa para contar cuentos, hacer palomitas de maíz y cantar canciones.

Por lo general, el papá decía: "La clave para sobrevivir es mantener la calma y tomar decisiones sensatas". Lily se preguntaba si alguna vez podría mantener la calma sin la presencia de su padre para protegerla.

Los gemelos asistían a una escuela que tenía un solo salón de clases. Como era el niño mayor, Harry recolectaba carbón del cobertizo y encendía la estufa todas las mañanas. Poco después, llegaba su maestra.

La señorita Adams tenía 19 años. Su familia vivía cerca de la escuela.

—¡Qué día maravilloso! —exclamó esa mañana mientras saludaba a los estudiantes de la escuela.

El día comenzó como cualquier otro. Algunos estudiantes escribían en sus pizarras y leían. Otros recitaban en voz alta lo aprendido.

Cerca de las once de la mañana, el viento comenzó a soplar, y después de una hora, el salón de clase se oscureció por completo. La señorita Adams corrió hacia la ventana.

—¡Oh, no, una tormenta de nieve! —exclamó a los gritos—. Es muy peligroso que se vayan a sus casas ahora. Les prohíbo salir. Quédense aquí mientras busco comida y mantas.

La señorita Adams tomó su abrigo y salió. Pero, antes de que pudiera regresar, la tormenta de nieve estaba sobre ellos con grandes estruendos.

Capítulo 2

FUEGO Y HIELO

Lily corrió hacia la ventana. En segundos, la casa de los Adams desapareció entre los blancos remolinos. Ella sabía que la señorita Adams no podría regresar en medio de la furia de la tormenta. Lily intentó dominar el pánico.

—¿Qué haría papá? —le preguntó a Harry.

—Él diría: "Mantengan la calma y tomen decisiones sensatas". Ahora necesitamos decidir cómo mantenernos calientes. Hay carbón suficiente solo para esta mañana.

—Pónganse sus abrigos y guantes mientras pensamos —dijo Lily respirando profundamente.

—Podríamos quemar los pupitres —sugirió Peter.

—Son demasiado grandes para la estufa —explicó Harry—, y no tenemos hacha. Tendré que ir al cobertizo a buscar más carbón.

Lily sabía que en una tormenta de nieve, nadie podría siquiera verse las manos.

—Si sales, nunca encontrarás el camino de regreso —explicó—. Eso no es sensato.

Entonces, se le ocurrió una idea. Sacó la cuerda de saltar que usaban en el recreo.

—Esto evitará que te pierdas —le explicó a Harry—. Simplemente sigue la cuerda para hallar el camino de regreso.

Lily amarró un extremo al cinturón de Harry. Después, haciéndole frente al intenso viento, amarró el otro extremo a la baranda de la escalera.

Harry tomó la cubeta de carbón y salió a los tropezones a enfrentar la tormenta. Los demás esperaron adentro sin poder verlo ni oírlo.

Parecía que habían transcurrido horas, pero solo pasaron algunos minutos hasta que Harry volvió a aparecer. Había llenado la cubeta y todos sus bolsillos con carbón.

—No siento los pies —se quejó Harry. La palabra "congelación" pasó por la mente de Lily.

Lily llenó su cubeta del almuerzo con nieve y la calentó en la estufa. Harry gritaba de dolor mientras sus pies se descongelaban en el agua tibia. Enseguida volvieron a recuperar su color.

Harry no había sufrido congelación. Sin embargo, el alivio de Lily duró muy poco. Al encender la lámpara, se dio cuenta de que no había suficiente combustible. Si la tormenta de nieve duraba días, se quedarían sin luz.

Detective del lenguaje	**Halla la frase subrayada en la página 8. Vuelve a escribirla reemplazando viento por vientos.**

Capítulo 3
CUENTOS Y CARTAS

Lily se sentó acurrucada junto a la estufa. Estaba asustada y deseaba estar a salvo en su casa con sus padres.

Entonces, al levantar la mirada, vio que Alice la observaba tratando de dominar sus lágrimas. Lily se dio cuenta de que necesitaba ser fuerte para ayudar a los más pequeños.

—Juntémonos todos al lado de la estufa —dijo—. Estaremos calientes, y podremos contar cuentos.

Harry comenzó a contar el cuento de *Los tres cerditos*. Todos estaban disfrutándolo cuando Peter gritó:

—El viento suena como si fuera un lobo aullando que viene a comernos.

Alice se puso a llorar. Amy se veía asustada.

—No seas tonto. Solo es un viento normal —aclaró Lily, quien sonaba más segura de lo que se sentía—. Les contaré otro cuento.

Lily inventó un cuento de hadas sobre una princesa que vivía en un país caluroso y lejano. Al terminar, los demás parecían más calmos. Pero Amy se quejó porque tenía hambre. Lily sugirió comer la mitad del almuerzo y guardar el resto.

—¿Y si nos quedamos sin comida? —preguntó Peter—. ¿Nos moriremos?

—No nos moriremos —afirmó Lily—. Envejeceremos y tendremos muchos nietos.

Entonces, se le ocurrió una idea. Tomó algunos papeles del escritorio de la señorita Adams. Todos la miraban fijamente. Solo la maestra estaba autorizada a escribir en papel.

—Hoy es un día especial —dijo Lily—. Es el día en que sobrevivimos solos a una tormenta de nieve. Les escribiremos a nuestros nietos y les contaremos cómo fue sobrevivir fuera de nuestras casas en estas condiciones.

Practicaron escribir las cartas en sus pizarras. Después, las copiaron cuidadosamente en el papel. Para los más pequeños, fue una experiencia emocionante. Para Lily y Harry, fue una buena manera de pasar el tiempo.

Queridos nietos:

Es el año 1888. Harry y yo estamos atrapados en la escuela por una tormenta de nieve. Nuestra maestra no pudo regresar a tiempo. Debemos sobrellevar la situación nosotros mismos. Es aterrador, pero estoy segura de que lograremos salir de aquí.

Con cariño,
Abuela Lily

Capítulo 4

ATRAPADOS

Escribir las cartas les llevó la mayor parte de la tarde, pero todavía tenían la noche por delante. Pudieron haber estudiado, pero estaban muy preocupados como para concentrarse.

En cambio, Harry inventó más cuentos, sin mencionar a los lobos. Después, los demás se turnaron para inventar sus propios cuentos.

Por fin, uno por uno se quedaron dormidos. Lily se quedó despierta durante más tiempo. Debió de haberse dormido porque, cuando cayó en la cuenta, el salón estaba silencioso y caliente.

¿Cómo podía ser que el salón estuviera caliente? Lily miró las ventanas. La nieve las había cubierto.

Harry se acercó a la puerta.

—No puedo abrirla —gritó—. Hay demasiada nieve.

La nieve no dejaba pasar el viento, lo que mantenía caliente el salón. Pero también los mantenía encerrados. ¡Los niños estaban atrapados por la nieve!

En ese momento, oyeron un chirrido que se volvía cada vez más fuerte. La puerta se abrió de golpe y entró el Sr. Adams y el papá de Harry y Lily. Lily corrió hacia los brazos de su padre.

—Aquí estás, sana y salva —dijo su padre—. La señorita Adams estaba preocupada, pero yo le dije que tú y Harry harían lo correcto.

Lily se quedó estupefacta. Entonces se dio cuenta de que había hecho lo correcto. Después de todo, había podido mantener la calma y tomar decisiones sensatas.

Detective del lenguaje	**Halla la frase subrayada. Vuelve a escribirla reemplazando tomar decisiones por tener un plan.**

Respuesta a la lectura

Resumir

Usa detalles del cuento para resumir los sucesos importantes de *Tormenta de nieve en la escuela*. Usa la tabla como ayuda.

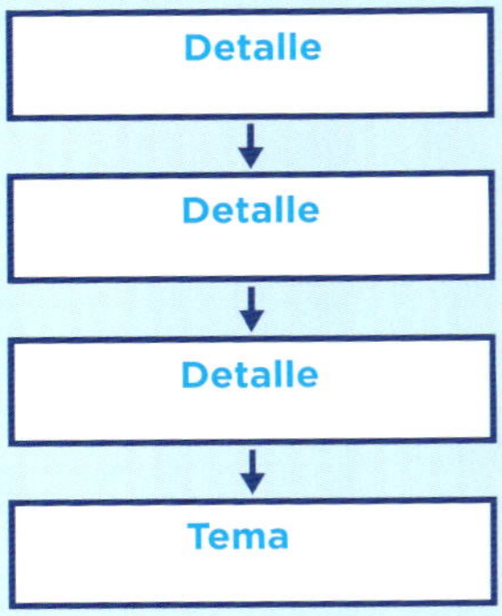

Evidencia en el texto

1. ¿Cómo sabes que este cuento es una ficción histórica? Identifica una característica que te lo indique. **GÉNERO**

2. ¿Cuál es el tema de este cuento? Fíjate en la página 3 y la página 14 para hallar claves. **TEMA**

3. ¿Qué significa la frase "cayó en la cuenta" en la página 13? Usa las claves del texto para descubrir el significado. **MODISMOS**

4. Escribe sobre los detalles que usa la autora para comunicar el tema del cuento. **ESCRIBIR SOBRE LA LECTURA**

Género Fábula

Compara los textos

Lee sobre cómo una sequía afectó al león y al jabalí.

El león y el jabalí

Una sequía atroz descendió sobre la tierra. Los animales estaban sedientos, y la sed los puso de malhumor. Un día, el león recordó un estanque oculto de agua dulce y fresca. Corrió deprisa hacia allí, pero el jabalí también lo había recordado y corrió apresuradamente hacia el lugar. Los dos animales llegaron al mismo tiempo.

—Yo soy el rey de los animales —dijo el león—. Debes dejarme beber primero.

—No, el estanque está en mi territorio —respondió el jabalí, moviendo sus colmillos bruscamente—. Yo debo beber primero.

Los animales siguieron discutiendo. Pronto estaban peleando ferozmente. Los dos estaban al mismo nivel. El león era grande y ágil y tenía garras afiladísimas. El jabalí tenía colmillos largos, un cuerpo robusto y pezuñas fuertes. Ninguno quería darse por vencido, pero ambos estaban cansados y sedientos. Finalmente, pararon para recobrar fuerzas.

Fue en ese momento cuando el león miró hacia arriba. Una colonia de hambrientos buitres estaba posada sobre los árboles cerca de ellos.

—Mira —dijo el león—. Aquellas aves están esperando comerse al perdedor de esta pelea.

—Esto es absurdo —afirmó el jabalí—. Aquí hay agua suficiente. Compartamos el estanque.

Y entonces, uno al lado del otro, bebieron largos tragos de agua limpia y fresca. Después, se fueron cada uno por su lado, pero como amigos, no como enemigos. Habían aprendido que, si estaban en peligro, debían colaborar el uno con el otro.

Moraleja: Es más lo que se gana si se evitan las peleas.

Haz conexiones

¿Qué papel desempeñó el tiempo en *El León y el jabalí*? **PREGUNTA ESENCIAL**

¿Cómo nos afecta el tiempo? Usa ejemplos de *Tormenta de nieve en la escuela* y *El León y el jabalí* para justificar tu respuesta. **EL TEXTO Y OTROS TEXTOS**

Enfoque:

Género

Ficción histórica La ficción histórica cuenta una historia que ocurre en el pasado. Los ambientes son realistas y se toman de la historia. También pueden tener personajes que vivieron en tiempos históricos. Los personajes principales, generalmente, son inventados.

Lee y descubre *Tormenta de nieve en la escuela* cuenta una historia que sucedió en Nebraska, en la década de 1880 a 1890. La autora investigó historias de personas atrapadas por las tormentas de nieve y usó los hechos de esas historias en su cuento.

Tu turno

Investiga fenómenos climáticos que ocurrieron en tu ciudad o estado. Escribe un cuento ambientado en el pasado usando los hechos sobre los que investigaste. Haz que tus personajes actúen del modo en que las personas de aquella época lo hubieran hecho.